UNE COURONNE
A MARIE,

ou

TRADUCTION D'UN MANUSCRIT
RELATIF A NOTRE-DAME DE BEAUNE,

Conservé à la bibliothèque de cette ville,

Avec le texte original en regard,

(1290.)

Quod Deus imperio, tu prece, Virgo, potes.
Vous pouvez, ô Vierge sainte, par votre interces-
sion tout ce que Dieu peut par sa puissance!
Un Père de l'Église.

A BEAUNE,
CHEZ BLONDEAU-DEJUSSIEU, IMPRIM.-LIBRAIRE.
1859

LK⁷85₄

UNE COURONNE

A MARIE.

IMPRIMERIE DE BLONDEAU-DEJUSSIEU.

UNE COURONNE

A MARIE,

OU

TRADUCTION D'UN MANUSCRIT

RELATIF A NOTRE-DAME DE BEAUNE,

Conservé à la Bibliothèque de cette Ville,

Avec le texte original en regard.

(1290.)

Quod Deus imperio, tu prece, Virgo, potes!

Vous pouvez, ô Vierge sainte, par votre intercession tout ce que Dieu peut par sa puissance!

UN PÈRE DE L'ÉGLISE.

A BEAUNE,

CHEZ BLONDEAU-DEJUSSIEU, IMPRIM.-LIBRAIRE.

1839

APPROBATION

DE MONSEIGNEUR L'ÉVÊQUE DE DIJON.

———————

Nous avons lu la *Traduction d'un Manuscrit de la Bibliothèque de la ville de Beaune,* lequel rapporte vingt-quatre miracles opérés dans cette ville, vers la fin du XIIIe siècle, par l'intercession de la très sainte Vierge. Nous déclarons que nous n'y avons rien trouvé qui fût contraire à la foi de l'Eglise Catholique, et nous n'avons pu qu'approuver le dessein des pieux Traducteurs ; espérant, comme eux, que la lecture de ces miracles affermira dans les cœurs la confiance en Dieu et la dévotion à Marie.

Dijon, le 5 Mars 1839.

(*Place du sceau épiscopal en cire rouge.*)

Signé : † FRANÇOIS,
Evêque de Dijon.

UNE COURONNE

A MARIE.

OBSERVATIONS PRÉLIMINAIRES.

Parmi les précieux manuscrits qui enrichissent l'importante bibliothèque de la ville de Beaune (1), il en est un qui offre le plus haut intérêt, non-seulement aux âmes pieuses de notre cité, mais

(1) Cette belle bibliothèque, nouvellement transférée, des appartements de l'ancien chapitre de Notre-Dame, à l'Hôtel-de-Ville, par les soins de M. Poulet-Denuys, occupe trois vastes salles parfaitement éclairées. Le local ne pouvait être ni mieux choisi, ni mieux distribué. Aussi, les lecteurs y sont déjà très nombreux, attirés qu'ils sont par les richesses littéraires qu'il renferme, presque ignorées jusqu'alors, et par l'exquise politesse de M. Jules Pautet, bibliothécaire, qui en fait les honneurs avec une rare intelligence.

encore aux amateurs des antiques légendes : c'est
un magnifique in-folio, contenant les Homélies
du Bréviaire de Beaune, en tête duquel se trouve
le récit simple et naïf de plusieurs miracles,
opérés, en notre ville, par l'intercession de la
très sainte Vierge. Ce manuscrit latin doit être
de la fin du XIIIᵉ siècle, 1° parce qu'en donnant
la date précise de ces divers miracles, qui est l'an
1290, l'écrivain qui les a recueillis, invoque, pour
les appuyer, le témoignage d'un grand nombre de témoins oculaires *qui vivaient encore de son temps :*
d'où il résulte que, si ces miracles ne furent point
écrits l'année même où ils arrivèrent, ils le furent
peu de temps après ; 2° parce que l'écriture en
est belle et soignée, et que chacun sait que l'art
de la calligraphie sur vélin avait atteint un plus
haut degré de perfection dans les XIIᵉ et XIIIᵉ
siècles que dans les siècles postérieurs.

L'on ne prétend, certes, point accorder à ces
miracles toute l'authenticité des miracles bibli-
ques ; car ceux de la Bible sont rigoureusement
de foi, tandis que ceux-ci sont abandonnés à la
pieuse croyance des Fidèles : libre d'y croire ou
de les rejeter. Mais nous devons dire qu'ils sont
appuyés sur des témoignages si respectables ;
nous y avons trouvé, avec une naïveté admirable, ornement ordinaire de la vérité, une telle

précision dans les dates, dans la désignation des individus, dans l'indication du lieu de leur naissance, dans le genre de maladies dont ils furent guéris; on y cite, en si grand nombre, des témoins oculaires, soit ecclésiastiques, soit laïques; les faits, enfin, dont il s'agit ont eu un retentissement si général, que, de toutes ces autorités, il résulte une puissance qui semble satisfaire la raison la plus exigeante et assimiler l'authenticité de ces prodiges aux faits historiques les mieux avérés.

En effet, ce n'est pas un écrivain ignorant et ignoré dans notre ville qui fit, à cette époque, le relevé de ces miracles, mais un théologien instruit, et d'après l'ordre formel d'un personnage haut placé, consciencieux, lequel, après s'être entouré de toutes les lumières, de toutes les précautions nécessaires, les avait reconnus vrais et approuvés : *comprobavit*. Ce personnage éminent, c'est le doyen du Chapitre de l'insigne collégiale de Notre-Dame de Beaune, Pierre de Marcilly (1), Docteur en théologie et Censeur. Et il fallait bien que, dès ce temps-là, la relation de ces miracles fût regardée comme très véridique et digne du plus grand respect, puisqu'elle se trou-

---

(1) Voyez l'historien de Beaune, l'abbé Gandelot, page 298.

vait à la tête d'un livre qu'on avait tous les jours
entre les mains, qu'on lisait aux offices publics,
côte à côte, si l'on peut s'exprimer ainsi, avec
les Homélies du Bréviaire de Beaune, tirées des
écrits des Saints-Pères.

Qu'on ne croie pas d'ailleurs que ce précieux
manuscrit soit le fruit d'une imagination exaltée
ou d'une dévotion mal entendue envers la très
sainte Vierge; car, d'une part, il a tout le froid,
toute la sécheresse d'un procès-verbal, et de
l'autre, il n'y a rien, dans sa rédaction, que la
théologie la plus rigoureuse puisse reprendre,
rien dont l'orthodoxie la plus sévère puisse s'a-
larmer. Ce n'est pas à Marie, comme principe
de puissance, que l'auteur attribue ces miracles; il
ne confond pas la Créature avec le Créateur; mais
c'est à Dieu, à la Sainte Trinité, à la divine Providence, à Jésus-Christ qu'il les rapporte par la
médiation et les prières de Marie. Marie n'est
pas l'auteur des miracles, seulement elle les
obtient par son intercession; et l'écrivain, dévot
envers la très sainte Vierge, il est vrai, mais
Catholique pur avant tout, craint tellement qu'une
piété peu éclairée ne confonde ce qui doit être
distingué, qu'il répète en plusieurs endroits,
presque à chaque nouveau miracle qu'il rapporte, que c'est à Dieu, à Jésus-Christ qu'on

en est redevable, mais par l'intervention de
Marie.

Nous ne nous adressons pas à ceux qui ne
croient point aux miracles, et qui refusent même
à Dieu le pouvoir d'en opérer ; nous ne parlons
qu'aux Catholiques. Et comment Jésus-Christ,
qui s'est servi de la médiation de l'auguste Marie
lors de la sanctification de Jean-Baptiste (1),
le plus saint des enfants des hommes, et qui
encore, aux noces de Cana, a voulu faire, à la
prière de sa mère, le premier de ses miracles
publics (2), comment n'aurait-il pas daigné exal-
ter devant les hommes cette Mère chérie, en lui
accordant des miracles dans une cité, dans une
église dont elle est la protectrice et la patronne ?
dans une église où elle était invoquée, du temps
de nos pères, avec tant de dévotion et de confiance ; où chaque jour, pour ainsi dire, il se
fesait un concours si nombreux de Fidèles des
pays circonvoisins et même des pays éloignés ;
dans une ville où Marie était regardée comme

---

(1) *Factum est, ut audivit salutationem Mariæ Elisabeth,
exultavit infans in utero ejus.* (Évangile selon saint Luc,
Ch. 1er, V. 41.)

(2) Lisez le 2e chapitre de l'Évangile selon saint Jean,
depuis le 1er verset jusqu'au 11e inclusivement.

un puissant rempart, comme le palladium sacré qui protégeait ses murs; où son image brillait non-seulement dans le temple qui lui est consacré, mais encore sur les antiques sceaux de l'insigne collégiale, et, plus tard, jusque sur les armes de la cité qui avait pris pour devise ces belles paroles :

VRBIS . ET . ORBIS . HONOS (1);

dans une ville où l'on se pressait aux pieds de ses autels, dans les calamités et les joies publiques, ou pour obtenir la cessation d'un fléau, ou pour rendre, par elle, des actions de grâces au Tout-Puissant? Et Marie n'a-t-elle pas, de nos jours encore, des lieux particuliers, à Fourvières,

-----

(1) GLOIRE DE LA VILLE ET DE L'UNIVERS!

Avant notre première Révolution, l'image de la sainte Vierge était placée non-seulement sur les portes de la ville, mais encore sur la façade d'un très grand nombre d'habitations particulières; de sorte qu'on pouvait, à juste titre, appeler Beaune la ville consacrée à la glorieuse Marie : *Urbs in honore micat celsæ sacrata Mariæ.* (Poésies du moine Abbon.) — Il n'est personne de Beaune qui ne connaisse, entré autres, la Vierge et la belle niche gothique à fines découpures, qu'on voit encore à l'angle de la rue de la Charité. En conservant ce gracieux petit travail, on a fait preuve non-seulement de piété, mais encore de goût et d'intelligence.

par exemple, à Notre-Dame-des-Ermites, où,
souvent, elle se montre propice au malheureux
qui l'implore, et obtient même des prodiges en
sa faveur? Ah! rappelons-nous ces paroles sorties
de la bouche de notre divin Sauveur : Tout est
possible à celui qui croit : *Omnia possibilia sunt
credenti* (1).

Quant à notre but, le voici :

Nous rapportons ces miracles, d'abord parce
qu'ils peuvent édifier les âmes chrétiennes et aug-
menter leur dévotion à la très sainte Vierge; ensuite parce que ce sont des faits qui tiennent à
l'histoire même de notre cité, et que nous sommes
jaloux de la conservation et de la propagation de
ces faits qui nous touchent de si près; enfin parce
que, à ne considérer cette relation que sous le
point de vue archéologique, comme un débris
du moyen-âge, et comme objet de simple cu-
riosité, nous croyons faire plaisir aux lecteurs
d'exhumer ces pieuses légendes, capables de nous
intéresser, ce nous semble, au moins autant que
beaucoup d'histoires apocryphes pour lesquelles
on montre généralement une prédilection si
marquée.

---

(1) Saint Marc, chapitre 9, verset 22.

Ces miracles sont au nombre de 24, tous arrivés dans le courant de l'année 1290, et la plupart le samedi. Si Marie semble avoir choisi le samedi pour faire éclater devant les Fidèles qui l'invoquaient sa miséricorde envers eux, et sa puissance auprès de son Fils, c'est que le samedi lui est spécialement consacré, parce que c'est en ce grand jour que, suivant les chronologistes, elle a mis au monde le Sauveur des hommes, et que l'Eglise récite en son honneur un office particulier.

Deux autres miracles ont encore été opérés postérieurement à ceux dont nous donnons la traduction; nous les ajouterons à la fin de cet opuscule.

Nous copions textuellement notre manuscrit, et nous reproduisons à dessein les caractères gothiques de l'époque, l'orthographe, les abréviations, la ponctuation du temps et jusqu'aux fautes du copiste. Nous voulons, autant que possible, conserver religieusement au siècle toute sa physionomie. Le texte original, en regard de notre traduction, donnera au lecteur la facilité de s'assurer si elle est fidèle, et de la rectifier, s'il y a lieu.

Ici une question se présente à l'esprit : la statue de la Vierge que possède actuellement l'Eglise Notre-Dame est-elle la statue miraculeuse du XIIIe siècle ? — Quoiqu'à cet égard nous n'ayons pas de documents qui puissent nous fixer d'une manière positive, nous sommes fondés à croire que c'est la même, et, pour notre part, nous le croyons fermement, pour plusieurs raisons :

1° A cause de sa forme et de son état de vétusté. Tout le monde sait que le vrai type de la Vierge, au moyen-âge, représentait généralement la Mère du Sauveur assise, tenant l'Enfant-Jésus sur ses genoux, comme, par exemple, est celle de *Notre-Dame-de-Bon-Espoir,* à Dijon(1), et celle de Pouilly-en-Auxois, toutes les deux très vénérables et très anciennes. On la voit encore dans la même attitude sur les sceaux des chartres données, il y a plusieurs siècles, par des églises placées sous son invocation. C'était, à n'en pas douter, ce type-là même qui avait fourni à l'illustre Raphaël l'idée de son admirable Vierge *à la chaise.*

Or, telle est aussi la position de la Vierge de Notre-Dame de Beaune. L'œil le moins exercé

_____

(1) L'Enfant-Jésus fut brûlé pendant la Révolution de 93, mais la Vierge fut sauvée par mademoiselle Marthe Bourgoin.

a bientôt reconnu, qu'indépendamment des restes d'une antique peinture qui couvre son vêtement, l'attitude et la facture de la statue proclament une antiquité reculée. Le ciseau qui la produisit n'était pas un ciseau habile, il est vrai ; mais, dans cette ignorance de l'art, nous retrouvons précisément encore une nouvelle preuve de sa vieille origine.

De ce que sa figure est presque noire, quelques-uns ont pensé qu'elle avait dû, jadis, être peinte en cette couleur. En la regardant de près, on reste convaincu que cette teinte n'est que le résultat des siècles (1).

2° Et pourquoi la Vierge que nous possédons aujourd'hui ne serait-elle pas la Vierge miraculeuse d'autrefois ? Pourquoi aurait-on substitué une statue nouvelle à la statue ancienne ? Certes ! le Clergé de cette époque, s'il l'eût fait, eût été bien mal inspiré en dépouillant sa basilique de sa gloire la plus rayonnante ! Et si l'idée lui en

(1) L'abbé Bredault, en parlant de la Vierge miraculeuse de Notre-Dame, s'exprime ainsi : « Cette statue de la « Vierge est antique, et noire comme toutes les anciennes « statues célèbres de la sainte Vierge. On y a eu jadis beau- « coup de dévotion. »

fût jamais venue, croyez-vous que ce Clergé, si opulent alors, ne l'eût pas remplacée par une statue remarquable par la forme et la matière? D'ailleurs, si quelqu'un eût été assez osé pour le faire, le peuple n'eût-il pas réclamé en masse et ne se fût-il pas écrié : « Rendez-nous notre Vierge « vénérée, notre Vierge aux pieux souvenirs, celle « que nous avons invoquée et qui nous a exau- « cés, celle qui, par ses prières, obtint à nos « pères de si nombreux miracles ! » — N'en ferait-on pas encore autant, même en nos jours si peu croyants?

3° Au reste, tout le monde sait qu'avant la Révolution de 93, cette même Vierge était placée, de temps immémorial, au-dessus du maître-autel, alors reculé au fond du chœur (1). C'était à ses pieds

_____

(1) Cette image miraculeuse, sauvée des mains révolutionnaires par les soins de mademoiselle Madeleine Galleron, ancienne institutrice à Beaune, a été rendue à la vénération publique, lors de l'ouverture des églises. En 1832, Beaune ayant été préservé du choléra, les Fidèles ont élevé un autel à leur auguste Patronne, et ils ont gravé, sur le marbre, en lettres d'or, une inscription, monument de leur piété et de leur reconnaissance.

Voici comment s'exprimait le premier pasteur du Diocèse, après la cessation du fléau :

« .....Vous vous plairez surtout, comme nous aimons à « le proclamer, vous vous plairez surtout à attribuer à

que, chaque dimanche, comme aujourd'hui encore, l'officiant, après la grand'messe, entonnait
et le chœur continuait cette prière touchante, cri
d'amour et d'espoir, qui saluait Marie mère de
grâce et de miséricorde, et plaçait sous son puissant patronage et les vivants et les morts :

Maria, mater gratiæ!
Mater misericordiæ!
Tu nos ab hoste protege,
Et horâ mortis suscipe :
Pro defunctis intercede! (1)

« Marie, à cette puissante auxiliatrice des Chrétiens, le
« secours que vous avez réclamé par son intercession
« et que vous avez obtenu par les mérites infinis de Jésus-
« Christ, son divin fils..... Nous laissons au zèle de mes-
« sieurs les curés et desservants le soin de consacrer
« dans leur paroisse, par un monument, la reconnais-
« sance de leurs paroissiens envers la Mère de Dieu. »
(Mandement de Mgr. l'Évêque de Dijon, en date du 6
avril 1833.)

(1) Marie, mère de grâce !
Mère de miséricorde !
Protégez-nous contre notre ennemi,
Et recevez notre âme au moment de la mort !
Priez pour les fidèles trépassés !

(Tiré de l'Office de la très sainte Vierge, selon le rit
romain.)

Telles sont, en peu de mots, les raisons qui nous font croire que cette statue est la même que la statue miraculeuse. Donner la date précise de son origine est chose impossible; mais il est très probable, nous dirions presque certain, qu'elle remonte à la fondation même de l'insigne Collégiale (1).

Quoi qu'il en soit, nous serons largement récompensés de ce petit travail si nous sommes assez heureux pour réveiller dans les cœurs, ne fût-ce que dans un seul, des sentiments de confiance et de piété envers la très sainte Vierge, qui promet une gloire éternelle à ceux qui la feront

---

(1) La belle église Notre-Dame, commencée, vers la fin du X⁰ siècle, par Henri-le-Grand, fut continuée par le Chapitre, et achevée, à la fin du XI⁰ siècle, par la duchesse Mathilde. Plusieurs de nos ducs furent bienfaiteurs de cette église, et Sixte IV la décora du nom et des prérogatives de *Collégiale insigne*. Elle tenait le premier rang après la Cathédrale. (Voyez l'abbé Gandelot, page 34 et suivantes.)

honorer sur la terre : *Qui elucidant me, vitam æternam habebunt* (1).

Puisse cette simple couronne que nous plaçons sur la tête de notre Mère lui être agréable! puisse-t-elle être un gage de notre amour et de notre dévouement !

---

(1) *Ecclésiastique*, chapitre 24, verset 31. L'Eglise applique ce texte de l'Ecriture à Marie. (Voyez le *Selva* de saint Liguori, Inst. 11e de la dévotion à la sainte Vierge, paragraphe 2e.)

Recitatio miraclo̅ gloriose genitricis dei marie. De nouo fco̅ in ecclesia beate marie belnen.

Récit des miracles de la glorieuse Vierge Marie, mère de Dieu, nouvellement opérés dans l'église Notre-Dame de Beaune.

In nomine patris et filij : et sps sancti amen. Adsit in auxilio : sancta maria meo. amen.

Au nom du Père, et du Fils, et du Saint-Esprit, Ainsi soit-il. Sainte Marie, venez à mon aide. Ainsi soit-il.

Cum audiuatur signa et miracula que operatur sca trinitas precibus et meritis glose genitricis dei marie. in hoc eius uenerabili templo frequentius conuenit : laudum preconia et gratiarum actiones. a clero & populo deuotius et crebrius referuntur saluatori. Sed multa signa et miracula fecit ihesus

Au bruit des prodiges et des miracles que la Sainte Trinité opère par les prières et les mérites de la glorieuse Vierge Marie, mère de Dieu, on accourt en foule dans son auguste Temple : le Clergé et le peuple adressent au Sauveur des louanges et des actions de grâces plus fréquentes, avec un redoublement de

xps dei filius precibus eius matris. in ipsa belnen. ecclia : que per negligentia non sunt scripta. Venerabilis igitur pater noster magister petrus de marcilleio sacre scripture doctor et enucleator. quedam miracula que operari dignata est sancta trinitas : interuetu gloriose genitricis dei marie. in et uenerabili templo belnen hijs diebus : sicut fide dignoz testimonio didicit et coprobauit precepit merito fidei memorie commendari in hijs scriptis.

ferveur. Mais comme Jésus-Christ, fils de Dieu, a accordé, dans l'Eglise Notre-Dame de Beaune, aux prières de sa sainte mère, plusieurs miracles éclatants qui, par négligence, n'ont pas été écrits, notre vénérable père, maître Pierre de Marcilly, Docteur en théologie et Censeur, ayant appris de la bouche de témoins dignes de foi ceux que Dieu a daigné opérer de nos jours, par la médiation de la très sainte Vierge, dans cette vénérable église qui lui est consacrée, les a sanctionnés de son approbation et a ordonné avec sagesse qu'ils fussent écrits pour être transmis fidèlement à la postérité.

I.

Anno domini. m. cc. nonagesimo. mense aprilis. septimo decimo. Kl.ˢ maij. Sabbato post octabas resurrectionis domini. Quedam puella ysabella nomine. de sco luppo prope macerias cabilonen dyoc⁵ : retortum habens brachium sinistrum. et manum post tergu herentem brachio : ac digitos curuos. que sic infirma fere per triennium conuersata est apud belnam : et quasi cotidie ad matutinos hymnos. die noctu q̃ precibus assiduis : ante altare gloriose uirginis dnum ihm xpm .t gloriosam uirginem eius matrem exorare no cessabat. unde accidit : quod

I.

L'an du Seigneur 1290, au mois d'avril, le 17ᵉ jour avant les Calendes de mai (1), le samedi après l'octave de Pâques, une jeune fille, de St.-Loup – près – Maizières, diocèse de Châlon, nommée Isabelle, avait le bras gauche tourné en arrière ; sa main, fixée sur le dos, était contractée sur le bras, sans pouvoir en être détachée. Elle avait en outre les doigts entièrement courbés. Dans cet état, elle demeura à Beaune, pendant près de trois ans, assistant, presque tous les jours, à l'office de Matines. Jour et nuit, elle venait prier devant l'autel de la très sainte

(1) Le 15 Avril.

meritis et intercessione glose genitricis dei marie : in ipsius uenerabili templo apud belnam. diuino nutu recipere meruit sanitatem : et dictoȝ membroȝ rectitudinem et consuetam opationem.

Vierge, ne cessant d'invoquer notre Seigneur Jésus-Christ et sa sainte Mère. Or, elle obtint de Dieu, dans cette vénérable église Notre-Dame, sa guérison, par les mérites et l'intercession de la bienheureuse Vierge Marie : son bras et ses doigts furent redressés, et elle en recouvra l'entier usage.

II.

II.

Le méme Samedi. (1)

Quidam etiam iuuenis giotus nomine. de thoreio eduen. dyoc. in uilla belnen nutrictus : cotidie deferebatur ad ec-

Un jeune homme, nommé Guiot, de Thorey, diocèse d'Autun, et qui demeurait à Beaune, était porté, tous les jours,

---

(1). Nous nous sommes permis, dans quelques miracles, une légère transposition pour la plus grande commodité du lecteur : c'est de placer en tête le jour où ils sont arrivés. Cette précaution fixera, tout d'abord, son esprit sur la date, et nous dispensera de la répéter dans le corps de la narration.

eliam beate marie belnen. pro elemosinis de quibus uiueret a fidelibus recipiendis. Qui contractis pedibus cruribus herentibus sustentabat. et iactabat totum corpus suum de loco ad locum cum manibus suis et duab; sellulis : diuina prouidentia precibus et meritis gloriose uirginis. in ipa ecclesia fuit erectus ipa die sabbi : ac sanitati etiam restitutus.

à l'église Notre-Dame pour y recevoir, des fidèles, les aumônes nécessaires à sa subsistance. Il avait les pieds retirés, recourbés sur les jambes, et il soutenait son corps avec ses mains et deux sellettes, les jetant en avant pour passer d'un lieu à un autre. Par un effet de la divine Providence, et par les prières et les mérites de la glorieuse Vierge Marie, il fut redressé et entièrement guéri.

III.

Eodem die : quedam mulier de castellione lingonen dyoc^s maria nomine. que diu languerat cotracta toto corpore ad portam de capania bel-

III.

Le même Samedi.

Une femme de Châtillon, diocèse de Langres (1), nommée Marie, qui était infirme depuis long-temps, ayant le corps tout courbé, et qui

(1) Aujourd'hui de Dijon.

nen. prope domum es se tenait vers la porte
escharpaʒ. in ipsa beate de la Champagne de
marie belnen ecclesia Beaune (1), près la mai-
Dei nutu et etiam matris son dite Es-Escharpas,
precibus totius corporis obtint de Dieu, dans
sui recipere meruit sa- l'Eglise Notre-Dame, par
nitatem : et membroʒ l'intercession puissante
suoʒ omnium officium de Marie, la santé et le
consuetum. libre usage de tous ses
membres.

IV. IV.

Le même Samedi.

Eodem die quidam Un homme, nommé
Guillerm⁵ nomine Ca- Guillaume, du diocèse de

---

(1) Cette porte, l'une des plus anciennes de la ville, tirait
son nom de ce vaste terrain qui s'étend depuis la Bouzaize
jusqu'à la Maladière, sur la route de Dijon, et du pied de la
côte aux approches de Gigny. — La Champagne de Beaune
ayant été donnée, en 1174, à Gérard de Réon, par Hugues III, duc de Bourgogne, ce seigneur en fit don au Chapitre de Notre-Dame, sous la condition d'y faire bâtir une
ville (*villa*); de là l'origine du faubourg St.-Nicolas, qui
porta pendant long-temps le nom de Bourgneuf, nom
qui fut donné à la porte de la Champagne, et qui depuis
le quitta pour prendre celui de porte Saint-Nicolas.

On nommait aussi Bourgneuf cette partie de la Grand'Rue
la plus voisine de la porte Saint-Nicolas; car l'hôpital du
Bourgneuf, dit Gandelot (pag. 74), était situé à l'endroit
où s'élève aujourd'hui l'église de l'Oratoire.

bilonen dyocesis oriundus. habens tybiam unam de uersus deorsum retortam : t de alia tybia ossa exierant. et pedem amiserat : ita quod no poterat ire nisi cum duabus sellulis : Divina miseratione et gloriosa beate marie uirginis intercessione : in ipsa beate marie belnen ecclesia. erecta fuit dicti Guillermi tybia torta : ita quod dimissis sellulis ambulauit cu nyilis et uno pede. Huius rei testes adfuerunt qui adhuc supersunt quam plurimi presbiteri clerici et layci : quorum nomina longum esset exprimere sigillatim. O laudanda miracula campanis pulsantibus conueniunt omnes in eadem ecclesia. te deum

Châlon, avait une jambe tordue en dehors et en bas, des os étaient sortis de l'autre jambe et il avait perdu un pied, de manière qu'il ne pouvait marcher qu'avec deux sellettes. Par la divine miséricorde, et l'intercession de la glorieuse Vierge Marie, la jambe de cet homme fut redressée, dans l'église Notre-Dame, et jetant là ses sellettes, il marcha avec des béquilles et un seul pied. Il existe encore plusieurs témoins oculaires de ce miracle, tant prêtres que clercs et laïques, dont il serait trop long de rapporter les noms. Pour rendre grâces à Dieu de ces prodiges, les fidèles accourent à Notre-Dame, au son des

laudamus alta uoce per-
sonatur : atq3 gloriosa
dei genitrix uirgo maria
ab omni populo et clero
deuotissime collaudatur.

cloches ; un *Te Deum*
solennel est chanté, et
tout le clergé et le peuple,
pénétrés de la dévotion
la plus tendre, témoignent
leur reconnaissance à la
bienheureuse Vierge Ma-
rie, mère de Dieu.

V.

V.

Le Samedi suivant, après
la quinzaine de l'octave
de Pâques.

Accidit etiam sab-
bato sequenti post quin-
denam dictaru octabarum
resurrectionis domini :
quod quedam mulier
nata de dumo prope bel-
nam eduen dyocesis no-
mine margorona. erat
tanta infirmitate grabato
suo detenta et contracta
iacebat ante domum fra-

Une femme , née à
Buisson - près - Beaune ,
diocèse d'Autun (1) ,
nommée Marguerite, é-
tait retenue sur un grabat
dans un grand état d'in-
firmité : elle avait le corps
entièrement courbé, et ,
depuis huit ans, se tenait
devant la maison des Cor-
deliers de Beaune (2). Par

---

(1) Aujourd'hui de Dijon.

(1) Saint Louis, roi de France, ayant retiré des mains

tru minorum beluen. et per octo annos ibi infirma iacuerat. Diuina prouidentia et precibus gloriose dei genitricis marie. ipsa die erecta fuit et ambulauit directe toto tepore uite sue : omnia sua negocia operando.

la volonté de la divine Providence et les prières de la glorieuse Vierge Marie, mère de Dieu, elle fut entièrement redressée et marcha droit tout le reste de sa vie, vaquant librement à ses affaires.

VI.

Sabbato sequenti post quindenam dictarum octaba; resurrectionis do-

VI

Le même Samedi.

Un homme, nommé Gui, attaché au service de monseigneur l'évêque

---

des Vénitiens les reliques que les généraux de l'empereur Baudouin leur avait données en dépôt, résolut de les placer dans la Sainte-Chapelle, qu'il avait fondée à Paris. Pour les transporter avec plus de décence, il demanda au Général des Franciscains quatre religieux. L'un d'eux, nommé Valérien, étant tombé malade à Beaune, y resta avec un de ses frères. Quelques bourgeois, édifiés de leur conduite, leur proposèrent de s'établir en cette ville, et Innocent IV confirma, par ses bulles de 1248, cette nouvelle maison. Telle fut l'origine des Cordeliers à Beaune. Ces pères, après avoir habité quelque temps la rue du Bourgneuf (actuellement la Grand'Rue), fixèrent leur domicile près de l'Hôtel-Dieu. (*Voy. l'abbé Gandelot*, *page* 54.)

mini : Guido seruiens domini epi cabilonis custos castri paluelli habuit os tortum similiter et brachia torta. et tam magna detinebatur infirmitate : quod credebatur ipsum animam exalare. Uidens hec omnia uxor illius reddiuit et deuouit ipsum deo et beate uirgini marie belnen : quod conualescentia habita. quancitius posset ecclesiam beate marie predictam uisitaret. Post hec sine mora ipse infirmus conualuit de infirmitate. et de tortura oris et brachiorum : et uenit ad pedes suos ad ecclesiam beate marie belnen. deo et beate marie de conualescentia sua gracias redditurus.

de Châlon, et concierge du château de Palleau, avait la bouche tordue ainsi que les bras. Il était si malade qu'on le croyait sur le point d'expirer. Sa femme, le voyant réduit à cette extrémité, le voua à Dieu et à la bienheureuse Vierge Marie, honorée à Beaune, promettant qu'il visiterait son église le plus tôt possible. Aussitôt le malade fut entièrement guéri et vint à pied à Notre-Dame rendre grâces à Dieu et à la très sainte Vierge du rétablissement qu'il venait d'obtenir.

VII.

Sequenti die dominica post quindenam dictarum octauarum resurrectionis domini : quidam puer etatis circiter quinque annorum uel sex annorum habebat pedes tortos. ita quod articuli pedum erant deuersus deorsum : et tali a parte anteriori. audiens mater eius rumores miraculorum que fiebant in ecclesia beate marie belnen : reddidit et deuouit illũ puerum deo et eius gloriosissime genitrici. et asportauit ipsum puerum uersus ecclesiam predictam. Et cum essent ante portale ecclesie : deposuit pue-

VII.

Le jour suivant, Dimanche après la quinzaine de Pâques.

Un enfant, d'environ cinq ou six ans, avait les pieds contournés de manière que les articulations étaient déjetées en dehors et en bas et que les talons se présentaient en avant. Sa mère, entendant parler, de tous côtés, des miracles qui s'opéraient à Notre-Dame de Beaune, le voua à Dieu et à la glorieuse Vierge Marie, et l'apporta près de cette église. Etant arrivée devant le portail, elle y posa l'enfant, qui ne pouvait se tenir sur ses pieds : elle le porta donc dans l'église même. A peine était-elle devant

rum : et non poterat puer ille se tenere super pedes suos. Attulit igitur mater eius ipsum puerum in ecclesia beate marie belnen. Qui dum essent ante magnum altare. Ipso puero super pauimentum deposito : pedes ipius pueri directi fuerunt. et ipse puer cepit ire festinus per ecclesiam coram populo. Qui puer predictus de quo fit mentio fuit de uilla belnen in uico de porpereul oriundus. De hijs autem omnibus sunt testes : uidelicet dns galterus sacrista dicte ecclesie. et dominus petrus de niuarijs presbiteri. hugo de sancto mauricio. et michael de lantyaco clerici in uilla belnen commorantes : et plures alii

le maître-autel, qu'elle le déposa sur le pavé : ses pieds furent redressés et il se mit à courir dans l'église devant tout le peuple. Cet enfant était de Beaune, du faubourg Perpreuil. Les témoins de ce miracle sont les sieurs Gauthier, sacristain de ladite église, et Pierre de Veuvey, tous les deux prêtres, Hugues de St.-Maurice et Michel de Lantilly, clercs, demeurant à Beaune, et plusieurs autres, prêtres, clercs et laïques, qu'il serait trop long de nommer séparément, à cause de la brièveté que nous nous sommes imposée.

presbiteri clerici et laici.
quorum nomina longum
esset enarrare : atque
nostra pernicia non per-
mittit.

VIII.

VIII.

Le Samedi avant la fête des Apôtres S. Philippe et S. Jacques.

Adhuc cessare minime
deb3 nostra fragilitas
qui gloriosa dei genitrix
uirgo maria per nos die
noctuq3 incessanter col-
laudetur. que talia mira-
cula in sua belnen ec-
clesia dignata est cora
omni populo demonstra-
re : quod ceci. surdi.
claudi. et alij plures ifir-
mi a diuersis infirmita-
tibus sunt mundati. In-
ter que miracula : acci-
dit quadam die sabbati
ante festum beatorum

Malgré notre impuis-
sance, nous ne cesserons
de louer, nuit et jour,
la glorieuse Vierge Marie,
mère de Dieu, qui dai-
gne faire éclater, devant
tout le peuple, de si
grands miracles dans cette
église qui lui est consa-
crée : les aveugles, les
sourds, les boiteux et
plusieurs autres malades
sont guéris. Parmi tous
ces miracles, je rappor-
terai le suivant : une
femme de Vollenay,

apostolorum philipi et
iacôbi quod quedam mu-
lier de uolenaio hugueta
nomine : que contracta
fuerat per spacium quin-
q3 annorum : uouit deo
et gloriose uirgini ma-
rieqnancitiuspossetcius-
dem uirginis ecclesiam
apud belnam uisitaret.
Hoc facto : fecit suos
uocare uicinos. rogans
eos ut pro diuina mise-
ricordia pararent ei ali-
quod uehiculum. super
quod posset apud eccle-
siam beate marie uirgi-
nis belnen : causa pere-
grinationis deportari. Et
cum non inueniret ali-
quem qui in hoc caude
iuuaret : ipsa inuocato
beate gloriose uirginis
auxilio. confestim exiuit
de grabato suo tota erec-
ta : et ad pedes suos

nommée Huguette, qui
était courbée depuis cinq
ans, fit vœu à Dieu et
à la glorieuse Vierge Ma-
rie de visiter, le plus tôt
qu'elle pourrait, l'église
Notre-Dame de Beaune.
Ensuite elle fit appeler
ses voisins, les priant,
pour l'amour de Dieu,
de lui prêter une voiture
afin de se rendre à cette
église pour accomplir son
vœu. Ne trouvant per-
sonne qui voulût lui ren-
dre ce service, elle in-
voqua le secours de la
bienheureuse Vierge Ma-
rie : aussitôt elle sortit de
son lit, entièrement re-
dressée, et, le jour même,
vint à pied à Notre-Dame.

ipsa die uenit ad eccle-
siam beate marie supra-
dicta.

IX.

Eodem die quo supra :
quida clericus de chasse-
gneyo eduen dyocesis ibat
quasi contractus ad duas
neyllas : et uenit ad ec-
clesiam beate marie bel-
nen. Et inuocato ipsius
gloriose uirginis auxilio.
curatus fuit statim in ecclesia supradicta coram
omni populo : et iuit rec-
tus absq3 neeliis et sine
baculo.

IX.

Le même Samedi.

Un Clerc de Chassagne,
diocèse d'Autun (1), était
presque courbé et mar-
chait à l'aide de deux
béquilles. Il vint à l'église
Notre-Dame, et ayant
invoqué le secours de la
glorieuse Vierge Marie,
il fut aussitôt guéri de-
vant tout le peuple, et,
dès lors, il marcha droit
sans béquilles et sans
bâton.

X.

Ipsa die sabbati : qui-
dam iuuenis de beligneyo
super oscharam qui uo-
cabatur garnerius. eta-

X.

Le même Samedi.

Un jeune homme de
Bligny-sur-Ouche, nom-
mé Garnier, âgé d'envi-
ron douze ans, avait été

(1) Aujourd'hui de Dijon.

5

tis circiter duodecim an-
norum contractus semper
fuerat : et nunquam in
tota uita sua usq₃ ad diem
predictam potuit ambula-
re. Adductus de beligneyo
causa peregrinationis
super quandam asinam
ad ecclesiam beate marie
uirginis prenominatam:
statim erectus fuit et ambulauit. tamen aliqtulum
membrorum debilis. Tes-
tes huius rei sunt : do-
minus galterus de cuceyo
presbiter. et sacrista ecclesie belnensis predicte:
Dominus petrus de ui-
uarijs. dominus galterus
de gyanges matricula-
rius dicte ecclesie pres-
biteri : renaudus de poil-

courbé toute sa vie et
n'avait jamais pu mar-
cher. Amené en péleri-
nage sur une ânesse, à
l'église Notre-Dame, il
fut aussitôt redressé et
marcha droit. Il lui resta
cependant quelque fai-
blesse dans les membres.
Les témoins de ce mi-
racle sont les sieurs Gauthier de Cussy, prêtre,
sacristain de l'église Notre-Dame ; Pierre de
Veuvey, Gauthier de
Géanges, matriculier de
ladite église (1), tous
deux prêtres; Renaud, de
Pouilly, clerc et aussi
matriculier; Hugues de
Villebichot, clerc (2), et
plusieurs autres tant prê-

(1) On appelait autrefois *matriculiers* ceux qui étaient inscrits sur le Catalogue des pauvres secourus par une église. (Voyez l'*Histoire Ecclésiastique* par l'abbé Fleury, tome XI, page 383, et l'*Hierolexicon.*)

(2) Le texte dit : Clerc, aux pieds tordus.

leyo clericus similiter matricularius. hugo de euillabicheti. tortipes clericus et plures alij presbiteri clerici et laici quod lungum esset enarrare.

tres que clercs et laïques, qu'il serait trop long d'énumérer.

XI.

XI.

Le Samedi avant l'Ascension.

Minime debemus diuina tacere miracula que dominus noster ihesus xpistus gloriosis precibus genitricis sue uirginis marie operatus est die noctuq3 in supra scripta belnen ecclesia : sicut nos uidimus. et plures alii nobiscum fide digni. Inter ea hoc uobis referam. quod sabbato ante ascensionem domini : quedam mulier de corcellis eduen dyocesis. per lungum tempus fue-

Nous ne pouvons passer sous silence les miracles éclatants que notre Seigneur Jésus-Christ a opérés, nuit et jour, à la prière de la bienheureuse Vierge Marie, sa mère, dans cette église Notre-Dame, comme nous l'avons vu nous-mêmes, ainsi que plusieurs personnes dignes de foi. Parmi ces miracles, je vous rapporterai le suivant: Une femme de Corcelles, diocèse d'Autun, demeu-

rat contracta in uilla belle crucis cabilonen dyocesis : audiens rumores quod tam crebra fiebant miracula in supradicta beate marie belnen ecclesia. statim uouit deo et gloriose eius genitrici quod eandem ecclesiam quacitius posset uisitaret. Et 9 ipsa pre nimia paupertate non haberet uehiculum super quod posset uenire ad dictam ecclesiam : innocato domini nostri ihesu xpisti et gloriose uirginis marie auxilio : exiuit ut potuit de grabato in quo ipsa iacebat : et iter peregrinationis sicut ipsa nouerat arripuit. Quidam autem uicini eius adsociauerunt eam usq3 ad dictam ecclesiam : qui 'uiderunt et testificati

rait, depuis long--temps , à Bellecroix , diocèse de Châlon , et avait le corps tout courbé. Entendant parler des miracles qui se fesaient si fréquemment dans l'église Notre-Dame de Beaune , elle fit aussitôt le vœu à Dieu et à sa glorieuse Mère de visiter cette église le plus tôt qu'elle pourrait. Comme elle était très pauvre et n'avait point de voiture pour se transporter à ladite église , elle invoqua le nom de notre Seigneur Jésus-Christ et de la bienheureuse Vierge Marie, sortit, comme elle put, du lit où elle languissait, et, pour accomplir son vœu, prit le chemin de son pélerinage. Plusieurs de ses voisins l'accompa-

fuerunt quod in ipso itinere precibus gloriose uirginis tota curata fuit et erecta.

gnèrent jusqu'à l'église Notre-Dame, et ils attestèrent, comme témoins oculaires, que, dans le chemin même, son corps avait été redressé et qu'elle avait obtenu sa guérison par l'intercession de la Mère de Dieu.

XII.

Eodem uero die : perronetus de nolaio eduen dyocesis. qui per lungum tempus curuus fuerat. adductus ad ecclesiam gloriose uirginis marie belnen : et inuocato dei genitricis auxilio. curatus fuit et erectus in ecclesia supradicta : omi clero et populo ibidem astantibus et nomen ihesu xpisti ac uirginis gloriose collaudantibus.

XII.

Le même Samedi.

Un homme de Nolay, diocèse d'Autun (1), appelé Pierre, était courbé depuis long-temps. Ayant été amené à Notre-Dame, il invoqua le secours de la Mère de Dieu, et fut redressé et entièrement guéri, dans cette église, en présence de tout le clergé et du peuple, qui louaient hautement le nom de Jésus-Christ et de la glorieuse Vierge Marie.

(1) Aujourd'hui de Dijon.

XIII.

Ipsa uero die sabbati: haramburgis lotoringa de nanceyo castro nata tullensis dyocesis ceca erat. et per duos annos fere oculos clausos habuerat : ita q̄d eos non poterat aperire. Que adducta ad ecclesiam belnen predictam : precibus et auxilio dei genitricis marie in ipsa ecclesia curata fuit et uisum recepit.

XIII.

Le même Samedi.

Une femme de Lorraine, nommée Haremburges, née au château de Nancy (1), diocèse de Toul, était aveugle et, depuis près de deux ans, avait les yeux fermés sans pouvoir les ouvrir. Ayant été amenée à Notre-Dame, elle fut guérie dans l'église même, et recouvra la vue par les prières et le secours de la bienheureuse Vierge Marie, mère de Dieu.

XIV.

Sabbato post ascēn domini : quedam puerlula de beligncio subtus bel-

XIV.

Le Samedi après l'Ascension.

Une petite fille de

---

(1) On ne trouve à Nancy nul vestige d'antiquité : aussi n'en est-il point fait mention, dans l'histoire, avant le 11e et même le 12e siècle. Ce n'était alors qu'un château dépendant du diocèse de Toul (Voyez le *Dictionnaire Géographique* par l'abbé Expilly). Son évêché ne fut érigé qu'en 1778.

nam. etatis circiter octo annoʒ : per plures annos ceca fuerat : nec aliquid in toto mundo uidere poterat. Ipsa adsportata ad ecclesiam belnen supradictam : diuina misericordia et precibus uirginis gloriose uisum recepit. in presentia fide dignorum ibidem astantium : dominum ihesum xpistum et eius genitricem uirginem mariam de suis excellentissimis operibus laudantium.

Bligny-sous-Beaune, âgée d'environ huit ans, était aveugle depuis plusieurs années et ne pouvait absolument rien voir. Elle fut apportée à l'église Notre-Dame, et par un effet de la miséricorde divine, et par les prières de la très sainte Vierge, elle recouvra la vue en présence de personnes dignes de foi, qui louaient Jésus-Christ et la glorieuse Vierge Marie, sa mère, des merveilles qu'ils opéraient.

XV.

XV.

Le même Samedi.

Adhuc eodem die sabbati : quidam homo natus in parochia de sarregneyo prope belnam in uilla que dicitur la doi contractus iacebat in burgo nouo in uilla bel-

Un homme, né à Ladoix, paroisse de Serrigny, depuis plus de deux ans qu'il demeurait à Beaune, se tenait au Bourgneuf, ayant le corps

nen : et ibi fuerat iacens
per duos annos et am-
plius. Quidam autem
clericus motus diuina mi-
sericordia cepit cum in
grabato et adsportauit
ipsum ad ecclesiam pre-
dictam : statim inuocato
cum lacrimis ihesu xpisti
et eius gloriose genitricis
auxilio. erectus fuit et
sanatus : et ambulabat
coram populo. et alta
uoce nomen domini et
eiusdem uirginis matris
collaudabat.

tout courbé. Un Clerc,
touché de compassion,
le prit dans son grabat
et le porta à l'église Notre – Dame. Aussitôt ,
ayant invoqué avec lar-
mes le secours de Jésus-
Christ et de sa sainte
Mère, son corps fut re-
dressé ; il fut parfaite-
ment guéri et marcha
devant tout le peuple ,
louant hautement le nom
de Dieu et de la bien-
heureuse Vierge Marie.

XVI.

Similiter eodem die
sabbati : nobilis mulier
abbatissa monasterij mo-
lesie cisterciensis ordi-
nis cabilonensis dyocesis
pernoctauit causa pere-
grinationis in ecclesia
beate marie belnen asse-
rens pro uero quod ipsa

XVI.

Le même Samedi.

Une dame noble, ab-
besse de Molaise , de
l'ordre de Cîteaux, dio-
cèse de Chàlon, vint en
pélerinage à Notre-Dame,
assurant qu'elle avait
perdu l'ouïe. Elle passa
la nuit dans cette église,

perdiderat auditum et per dinina graciam et auxilio beatissime et gloriose uirginis marie : auditum penitus quem amiserat recuperauit.

et, par la grâce de Dieu et le secours de la bienheureuse Vierge Marie, elle fut entièrement guérie de son infirmité.

XVII.

XVII.

Quadam die sabbati post octabas penthecostes quedam mulier de crugeyo eduesis dyocesis. que a die purificationis beate marie ceca fuerat : plurima uota fecit deo et beate marie nirgini pro recuperando uisum. Que perrexit ad capellam beate marie de poilleyo causa peregrinationis : et misit oblationes suas ad ecclesiam beate marie de sinemuro. et ad alia loca ubi ipsa non poterat ire. Et tan-

Le Samedi aprés l'octave de la Pentecôte.

Une femme de Crugey, diocèse d'Autun (1), qui était aveugle depuis le jour de la Purification, avait fait plusieurs vœux à Dieu et à sa sainte Mère pour recouvrer la vue. Elle était allée en pélerinage à la chapelle Notre-Dame de Pouilly, et avait envoyé des offrandes à Notre-Dame de Semur, ainsi qu'à d'autres églises, où elle n'avait pu se transporter. Enfin, elle tomba

(1) Aujourd'hui de Dijon.

7

dem decidit in lectum : nec de membris suis poterat se iuuare. Auditis autem rumoribus miraculorum que fiebant in ecclesia beate marie belnen : nouit do et beate uirgini gloriose dei genitrici marie : quod ipsa quancitius posset sanitate recuperata : ecclesie belnen predicte limina uisitaret. Interea accidit cooperante diuina gracia : uisum et sanitatem membrorum suorum recuperauit. Et confestim uenit ad pedes suos pro exequendo uotum suum : et fuit in ecclesia beate marie belnen predicta die sabbati. gracias deo et beate gloriose uirgini redditura. cuius meritis et precibus sibi erat sanitas restituta. Et ut is-

malade, et ne pouvait plus se servir de ses membres. Entendant parler des nombreux miracles qui s'opéraient à Notre-Dame de Beaune, elle fit vœu à Dieu et à la bienheureuse Vierge Marie, sa mère, de visiter, le plus tôt possible, cette église, lorsqu'elle aurait obtenu la santé. Sur ces entrefaites, elle recouvra la vue et l'entier usage de ses membres par une grâce spéciale de Dieu. Le jour même elle vint à pied à Beaune, pour accomplir son vœu et rendre grâces au Seigneur et à la très sainte Vierge, qui, par ses mérites et sa puissante intercession, avait obtenu sa guérison. Pour constater l'authenticité du miracle, ayant

tuð esset certissimu : super hoc requisita a uenerabili uiro decano ecclesie supradicte. et a pluribus alijs fide dignis ibidem astantibus : recognouit et iurauit omnia narrata superius esse uera. Et hoc secum testificata est : quedam bona sua matrona que cum ipsa uenerat.

été interrogée par le vénérable doyen de l'église Notre-Dame et par plusieurs autres personnes dignes de foi, elle assura par serment que le tout était véritable : c'est ce qu'affirma aussi sa vieille mère, qui l'avait accompagnée.

XVIII.

Sequenti die sabbati post quindenam penthecostes : quiða iuuenis de burgo sancti iohanis eðuen nomine micheletus pelliparius. cecus fuerat de uno oculo : et de alio parum uidebat. Itaq³ aggressus iter peregrinandi uenit ad ecclesiam beate uirginis marie belnen : causa uisum suu recu-

XVIII.

Le Samedi suivant, après la quinzaine de la Pentecôte.

Un jeune homme, du faubourg Saint - Jean d'Autun, nommé Michel, tanneur, était borgne et voyait très peu de l'autre œil. Il vint en pélerinage à Notre-Dame pour recouvrer la vue qu'il avait perdue, disait-il, le ca-

perandi quem a carniprinio in antea preterito amiserat ut dicebat. Cum autem ipse appropinquaret ecclesiam : leuamen sensit de oculis. et in dicta ecclesia totum lume suum de utroqз oculo precibus gloriose uirginis marie recuperauit.

réme précédent. Comme il approchait de l'église, il éprouva du soulagement, et à peine y était-il entré que ses yeux furent parfaitement guéris, par les prières de la glorieuse Vierge Marie.

XIX.

Eodem die nocturno tempore : quedam matrona de chambeu. eduensis dyocesis margareta nomine. que fuerat contracta per decem et octo annos et amplius : innocato ihesu xpisti et gloriose dei genitricis auxilio. in ecclesia belnen gressum recuperauit : et leuiter ambulauit sine alicuius adiutorio.

XIX.

Le même Samedi, pendant la nuit.

Une mère de famille de Chambœuf, diocèse d'Autun, nommée Marguerite, était courbée depuis plus de dix-huit ans. Ayant invoqué, dans l'église Notre-Dame, le secours de Jésus-Christ et de sa glorieuse Mère, elle recouvra l'usage de ses jambes et marcha parfaitement sans aucun aide.

XX.

Adhuc eodem die : quedam iuuenis coniugata de sco gengulpho cabilonen dyocesis. dicta nomine guicharda : que die ueneris ante ramos palmarum nuper tunc preterita amisit sensum. auditum. et potestatem manuum suarum : habens digitos curuos. ita quod ungues eius intrabant carnem manuu ipsius iuuencule mulieris. Audito eiusdem marito de miraculis que cotidie fiebant in ecclesia beate marie belnen : adduxit eam predicto die sabbati ad ecclesiam uirginis gloriose. et statim erecti fuerunt digiti : atq3 manuum. sensus et auditus. recuperauit sanitate. Et hoc

XX.

Le même Samedi.

Une jeune femme de Saint-Gengoux, diocèse de Châlon, nommée Guicharde, avait perdu la sensibilité, l'ouïe et l'usage de ses mains, le vendredi avant les Rameaux. Ses doigts étaient tellement contractés sur la paume de ses mains, que les ongles pénétraient dans les chairs. Or, son mari, entendant parler des miracles qui se fesaient tous les jours à Notre-Dame de Beaune, l'amena dans cette église. Aussitôt ses doigts furent redressés, et elle recouvra la sensibilité, l'ouïe et l'usage de ses mains. C'est ce qu'attesta Guillaume, son mari, ainsi

testificatus est guillermeṫ maritus eius : una cum uicina sua Stephaneta. et plures alij presbiteri clerici et laici quod longum est enarrare : et nostra pernicia non permittit.

qu'une voisine, nommée Etiennette, et plusieurs autres, tant prêtres que clercs et laïques, qu'il serait trop long d'énumérer, à cause de la brièveté que nous nous sommes prescrite.

XXI.

Sabbato post tres edomadas pethecostes luquetus de sancto maurisio lingonensis dyocesis clericus contractus erat. et se non poterat aliquo modo erigere : atque fere pruatus lumine oculorum. Dominus autem iohannes de sancto mauricio presbiter patruus eidem clerici. et capellanus altaris sancti dyouisii in ecclesia beate marie belnen uidens tot miracula et confidens : uouit eum

XXI.

Le Samedi, trois semaines après la Pentecôte.

Un Clerc du diocèse de Langres, nommé Luc, né à Saint-Maurice, avait le corps si courbé qu'il ne pouvait nullement se redresser; de plus, il était presque aveugle. Il avait à Beaune un oncle, nommé Jean de Saint-Maurice, prêtre et chapelain de Saint-Denis à l'église Notre-Dame. Rempli de confiance à la vue de tant de miracles, cet ecclé-

et reddidit deo et beate gloriose dei genitrici uirgini marie. Qui statim mittens nuncium apud sanctum mauricium mandans parentibʒ dicti clerici : quod ipsum festinanter adducerent ad supradictam beate marie belnensis ecclesiam. sperans certissime quod precibus gloriose uirginis membrorum et uisus recuperaret sanitatem. Quo audito parentes dicti clerici : adduxerunt eum ad ecclesiam sepedictam. ubi ipse moratus fuit per nouem uel decem dies. Et auxilio dei et beate marie belnen innocato : lumen oculorum et gressum integre recepit. qui antea non poterat se mouere. Postmodum uero infra mo-

siastique voua son neveu à la bienheureuse Vierge Marie, mère de Dieu, et envoya aussitôt à St.-Maurice faire prévenir ses parents d'amener de suite le malade à Notre-Dame de Beaune, ne doutant pas qu'il ne recouvrât la vue et la santé par les prières de la très sainte Vierge. Aussitôt ses parents s'empressèrent de l'amener à cette église, où il resta neuf ou dix jours. Ayant invoqué le secours de Dieu et de sa sainte Mère, ce Clerc, qui auparavant ne pouvait se mouvoir, recouvra la vue et l'usage de ses jambes. Quelque temps après, il jeta là son bâton et marcha parfaitement, sans l'aide de personne.

dicum tempus abiecto
baculo : et absq3 apodia-
tone aliqua. bene plane
et firmiter ambulauit.

XXII.

Adhuc obliuioni tra-
dere non debemus nec ta-
cere diuina miracula :
que dominus ihesus xpis-
tus precibus gloriose uirginis in sua ecclesia belnen nobis peccatoribus
dignatus est demonstra-
re. Et propter hoc nobis
istud miraculu recitabo :
ad laudem et gloriam
dulcissime dei genitricis
marie. Unde accidit in-
terea quod iaquetus de
sancta helena cabilonen
dyocesis iuuenis clericus
curus erat et per spa-

XXII.

Le Dimanche
avant la Nativité de saint
Jean – Baptiste.

C'est pour nous une
obligation de publier les
merveilles que notre Sei-
gneur Jésus-Christ a bien
voulu faire éclater, à la
prière de sa sainte Mère,
en présence de nous, pau-
vres pécheurs, dans cette
église Notre-Dame ; c'est
pourquoi je vous rap-
porterai le miracle sui-
vant, à la louange et à
la gloire de la très douce
Vierge Marie. Un Clerc,
nommé Jacques, de Ste.-
Hélène, diocèse de Châ-
lon, avait le corps cour-

cium trium annorum ita remansit : quod pati non poterat quin manum suam super genu suum appodiaret. Qui uenies peregrinando ad predictam ecclesiam beate marie belnensis : fuit ibi proximo sabbato ante festum beati barnabe apostoli. et pernoctauit in ecclesia predicta : et per totam edomadam sequentem uisitauit dictam ecclesiam. Et sabbato ipsius edomade permansit in dicta ecclesia ante altare uirginis marie in orationibus : et die dominica ante natiuitatem beati iohannis baptiste diuina gracia et precib; gloriose uirginis erectus fuit. et recepit totius sui corporis sanitate.

bé, et, depuis l'espace de trois ans, était dans un état d'infirmité tel, qu'il ne pouvait se soutenir qu'en appuyant les mains sur ses genoux. S'étant rendu en pélerinage à Notre-Dame, le samedi avant la fête de saint Barnabé, il passa la nuit en prières dans cette église, et la visita chaque jour de la semaine suivante. Le samedi de la même semaine, il demeura en oraison devant l'autel de la très sainte Vierge, et, le dimanche avant la Nativité de saint Jean-Baptiste, il fut redressé et entièrement guéri, par la grâce de Dieu et l'intercession de sa très sainte Mère.

XXIII.

Aliud sequitur diuinum miraculum eodem tempore : a domino ihesu xpisto precibus beate marie uirginis impetratum. Uerum quidem est quod iohannes dictus chopillars de diuione mercator : quasi furibundus uenit ad ecclesiam beate marie belnen omnibus membris tremebudus clamando fortiter : dulcis uirgo maria dei mater adiuua me. Infelix ego hec merito patior : quia ego nō cessabam te iurare turpiter : et filium tuum dominum nostrum ihesum xpistum : et uerba turpia atq3 uillissima de nobis dicere. Et ego penitens uoueo et pro-

XXIII.

Dans le même temps.

Voici encore un miracle opéré par notre Seigneur Jésus-Christ, à la prière de sa sainte Mère. C'est un fait digne de toute croyance qu'un nommé Jean (dit Chopillard), marchand de Dijon, vint comme un furieux à l'église Notre-Dame. Il tremblait de tous ses membres et se mit à crier avec force : « O très douce « Vierge Marie, Mère de « Dieu, venez à mon « secours ! Malheureux « que je suis ! je mérite « bien les tourments que « j'endure ; car je n'ai « cessé de blasphémer « votre saint nom et ce- « lui de notre Seigneur « Jésus-Christ, votre fils,

mitto tibi dulcissima uirgo maria : q̃d toto tempore uite mee ieiunabo diem tuum. et nunquam de cetero de te nec de tuo filio domino nostro ihesu xpisto dicam blasphemias : nec amplius iurabo nomen tuum uel filii tui in uanum. nec dicam de aliquibus mulieribus ob tui reuerentiam et honorem blasphemias toto tempore uite mee. Et ita totum corpus eius tremulabat dicendo quod uidebatur ei habere grossum frustum carnis in guture suo : et pausare seu requiescere non poterat. ita quod faciebat horrorem illis qui ipsum uidebant et incutiebat timorem. Et stetit in dicta ecclesia ab hora misse

« et de vomir des paroles « obscènes contre l'un 'et « l'autre. Mais, touché de « repentir, je promets et « fais vœu, ô Vierge « sainte, que tout le temps « de ma vie je jeûnerai « le jour qui vous est « consacré. Dorénavant le « blasphème contre vous « et votre fils ne sortira « plus de ma bouche : je « ne prendrai plus en vain « son nom sacré ni le « vôtre, et ne tournerai « plus en raillerie la piété « des personnes qui vous « honorent. » En parlant ainsi, il était tout tremblant, et disait qu'il lui semblait avoir un énorme morceau de chair à la gorge ; il n'avait aucun repos, et, dans cet état, il inspirait l'horreur et l'effroi à tous ceux qui le

matutinalis usque ad magnam missam : tunica uestit⁵ sine corrigia. calciatus caligis sine sotularibus : sicut exierat de lecto suo. Et dicebat quod se non poterat uestire nec calciare : propter nimiam anxietatem infirmitatis et doloris. Post ea uero accidit diuina gracia et precibus gloriose uirginis marie : quod ipse homo penitens circa horam magne misse recuperauit de omnibus membris sui corporis sanitatem. Et ibi presentes interfuerunt testes : dominus galterus sacrista predicte ecclesie. dominus petrus de uiuarijs presbiter : et plures alij presbiteri. clerici. et laici. quod lungum est enarrare.

voyaient. Il resta dans l'église, depuis la première messe jusqu'à celle du chœur, vêtu seulement de sa tunique, sans ceinture, ayant mis ses bas sans souliers, comme il était sorti de son lit ; car il affirmait ne pouvoir ni se vêtir, ni se chausser, à cause des douleurs horribles qu'il éprouvait. Or, vers l'heure de la grand'messe, cet homme, vraiment contrit, obtint une entière guérison, par la miséricorde divine et l'intercession de la bienheureuse Vierge Marie. Les témoins de ce miracle sont les sieurs Gauthier, sacristain de ladite église, Pierre de Veuvey, et plusieurs autres prêtres, clercs et laïques, dont il serait trop long de rapporter les noms.

XXIV.

Eadem uidelicet edomada predicta : quedam bona matrona de uilla que dicitur sancta sabina. ueniens peregrinando ad ecclesiam beate marie belnen : retulit coram omnibus ueraciter. quod in dicta uilla sancte sabigne erat tum magnum incendium : quod in dicta uilla erant undecim domus iam per ignem destructe. Domus autem filie ipsius matrone iam erat incensa : de tribus partibus. uidens illa matrona hoc dampnum atq; graue periculum : flexis humiliter in terram genibus ? lacrimis et corde intimo.

XXIV.

La même Semaine.

Une mère de famille, de Sainte-Sabine, vint en pélerinage à Notre-Dame de Beaune, et rapporta, en présence de nombreux témoins, qu'il y avait eu, dans son village, un incendie si violent qu'onze maisons étaient devenues la proie des flammes. Déjà le feu avait pris, de trois côtés, à celle de sa fille. A la vue d'un si grand malheur et d'un danger si imminent, cette femme se prosterne humblement à terre, et place, avec toute la ferveur possible, cette maison sous la garde de Dieu et de la bienheureuse Notre-Da-

10

dictam domum commisit me de Beaune. Aussitôt la custodie deo et beate ac maison éprouva comme gloriose dei genitrici virgini marie in ecclesia belnen : et confestim fuit illa domus recussa. et ignes similiter extincti fuerunt : prestante domino ihesu xpisto. qui cum patre et spiritu sancto niuit et regnat deus in secula seculorum. amen.

un tremblement, et le feu s'éteignit par un effet de la toute-puissance de notre seigneur Jésus-Christ, qui, étant Dieu, vit et règne, avec le Père et le Saint-Esprit, dans tous les siècles des siècles. Ainsi soit-il.

Dans un supplément manuscrit à l'Histoire de Beaune, qui nous a été communiqué par M. Suremain de Missery, le savant abbé Bredault, notre compatriote, que nous avons déjà cité, rapporte, en résumé, les miracles qui précèdent ; puis il ajoute :

« J'ai lu dans un Mémoire historique sur la « Collégiale, fait par un Chapelain de cette « Eglise, d'après son Martyrologe, que le 11

« Octobre 1507, un enfant mort-né, présenté
« devant la Sainte Vierge et les reliques des
« Saints, montra des signes de vie et fut ensuite
« baptisé; que le 19 du même mois, un autre
« enfant, mort-né, fils de Jean Maëlon, donna
« des signes de vie, fut baptisé, puis enterré
« de l'ordonnance du Chapitre, en présence de
« plusieurs personnes et au concours de toute la
« ville. »

En terminant la traduction des miracles de
Notre-Dame de Beaune, nous nous permettrons
encore une réflexion :

Rappelons-nous que la très sainte Vierge ne
fut jamais invoquée en vain, qu'elle est notre
Médiatrice auprès de Jésus-Christ, notre sou-
verain Médiateur, et que c'est la foi qui obtient
les prodiges. Soyons aussi religieux envers Dieu,
aussi pieux envers Marie que l'ont été nos pères,
et nous verrons les mêmes merveilles se renou-
veler en notre faveur. *Quoi que ce soit que vous
demandiez dans la prière,* a dit l'Oracle de la

Vérité, *vous l'obtiendrez si vous le demandez avec foi :* Omnia quæcumque petieritis in oratione credentes, accipietis. (*St. Matthieu, chap.* 21, *verset* 22.)

⚜ •● ⚜

Nous avons cru important de transcrire ici trois Délibérations du Chapitre de la Collégiale de Beaune, relatives à notre Statue miraculeuse, et que nous devons à l'obligeance de M. GARNIER, Archiviste à Dijon. On y verra, 1° que, jadis, on avait à cette Vierge la plus grande dévotion, puisque les malades empruntaient les pierreries et les bijoux qui servaient à l'orner ; 2° que, de temps immémorial, comme nous l'avons déjà dit, cette même Statue était placée au-dessus du maître-autel ; 3° enfin, qu'on lui offrait les dons les plus précieux, gages d'amour et de reconnaissance.

25 Mai 1596.

Le Chapitre estant capitulairement assemblé, « Messire Philib.¹ Decologne a apporté sur le « bureau deux anneaulx l'ung où il y a un

« saphir, l'autre où il y a une pierre rouge ap-
« pelée la pierre Nostre-Dame et ung cueur d'ar-
« gent doré où il y a escript à l'entour DE LA
« ROBE NOSTRE-DAME, lesquels joyaux il avoit
« empruntés du Chapitre pour Madame Micault
« ayant mal aux yeulx et en demande décharge. »

25 *Octobre* 1613.

Le Chapitre estant capitulairement assemblé,
« Monsieur Arbaleste Chanoine a dict avoir faict
« peser les deux coronnes d'argent que M. Pas-
« quelin aussi Chanoine Théologal de cette église
« a faict faire à ses despens pour mettre sur la
« teste de l'image de N.e Dame qui est sur le
« grant autel et de son enfant, les quelles co-
« ronnes sont du poids de neuf onces. »

10 *Novembre* 1656.

Au Chapitre général de la Saint-Martin.
« Le sieur Delamare chanoine a prié la com-
« pagnie d'avoir pour agréable un petit présent
« qu'il désiroit faire à l'Eglise d'un ornement pour
« l'image de la S.te Vierge de velours violet à fond
« blanc garny d'un passement de frange my or et
« argent affin d'assortir à la chasuble qu'il a cy
« devant donnée de pane violette garnie aussi de
« passement my or et argent, avec cette intention
« que les dicts ornements ne soient employés que

« pendant le temps de l'Advent et Caresme. Sur
« quoy MM. en tesmoignent au dict sieur Delamare
« les recognoissances qu'ils en avoient ; et faicts
« leurs remerciements, l'ont assuré qu'ils se sou-
« viendroient de lui en leurs prières et sacrifices
« et que les dicts ornements ne serviroient sui-
« vant son intention que pendant le temps de Ca-
« resme et Advent seulement, et en outre ont dé-
« libéré que attendu qu'il y a aprésent dans la sa-
« cristie nombre suffisant d'ornements pour l'i-
« mage de la S.te Vierge décents et honnestes
« que l'on ne se serviroit plus de celuy de viel
« velours violet et de celuy de Feutaine blanche. »

(Archives Départementales.)

PRIÈRE

DE

SAINT BERNARD

A LA TRÈS SAINTE VIERGE.

Après la Salutation Angélique, prière sublime qui nous vient du Ciel et de l'Eglise, prière qui tant de fois nous a fait éprouver des consolations ineffables, il n'en est pas de plus touchante que celle de notre grand saint Bernard, ce pieux et tendre serviteur de Marie. Chaque parole de cette suave invocation, qui a obtenu tant de prodiges, respire la dévotion la plus douce et la confiance la plus entière. Nous avons pensé qu'elle ne serait point déplacée à la fin de cet Opuscule, et que, même, la piété des Fidèles l'y verrait avec plaisir.

Souvenez-vous, ô très douce Vierge Marie, qu'on n'a jamais entendu dire qu'aucun de ceux qui ont eu recours à votre protection, qui ont imploré votre secours et sollicité vos suffrages, ait été abandonné. Animé de cette confiance, j'accours à vous, ô Reine des Vierges ! ô ma tendre mère ! je me réfugie à vos pieds, et, tout pécheur que je suis, j'ose paraître devant vous en

gémissant. Ne méprisez pas mon humble prière,
ô Mère du Verbe, fait homme pour moi! mais
rendez-vous-y propice, et daignez l'exaucer. Ainsi
soit-il. (1)

---

(1) Memorare, ô piissima Virgo Maria, non esse
auditum à sæculo quemquam ad tua currentem præ-
sidia, tua implorantem auxilia, tua petentem suffra-
gia esse derelictum. Ego tali animatus confidentiâ,
ad te, Virgo virginum, Mater, curro, ad te venio,
coràm te gemens peccator assisto. Noli, Mater Verbi,
verba mea despicere, sed audi propitia et exaudi.
Amen.